Cómo es el

cuerpo humano

Información genética

Cerebro

LIBSA

El cuerpo humano

Adentrándonos en ese maravilloso mundo

Seguramente alguna vez has soñado con ser un héroe para vivir una gran aventura o quizá seas de esas personas que tienen alma de exploradoras. No necesitas irte muy lejos para encontrar emociones fuertes: con este libro podrás adentrarte en la jungla del interior del cuerpo humano, un laberinto increíble que sin embargo funciona con la precisión de una máquina de última generación.

Mírate al espejo. Nada más abrir la boca comienza un viaje extraordinario hacia el interior de tu sistema digestivo, tu aparato urinario, respiratorio o circulatorio... vas a saber por qué es roja tu sangre y cómo bombea tu alegre corazón, de qué manera entra y sale el aire de tus pulmones, cuántos huesos forman la armadura de tu cuerpo o qué aspecto tienen tus elásticos músculos.

Vamos a explicarte para qué te sirve tener un cerebro y la cantidad de cosas que puedes hacer gracias a él, o cómo tus cinco sentidos te ayudan a comprender el mundo que te rodea.

Aprenderás que tus alocadas hormonas son en realidad tus aliadas para poder crecer. Vas a comprender qué te está pasando y también de dónde has venido: cómo surgiste del interior de tu mamá y cómo naciste.

Verás la cantidad de vida que tienes dentro de ti, en un microcosmos lleno de células y genes que hacen de ti alguien diferente y muy especial.

Además, queremos ayudarte a conseguir que sigas creciendo sano y por eso te explicaremos qué debes hacer para alimentarte bien, cómo cuidarte cuando caigas enfermo y por qué es tan importante que duermas lo suficiente.

Tu cuerpo es una máquina maravillosa llena de sorpresas y este libro que tienes en las manos te va a mostrar la ciencia de una forma fácil y divertida, con textos sencillos, pero precisos y rigurosos, con muchas imágenes a todo color y con un práctico diccionario al final para aclarar algunos términos que se mencionan, pero no vienen explicados en el mismo texto. Si te atreves, pasa la página y descubre cómo funciona tu propio cuerpo.

Me pregunto...

✓ ¿Cuánto mide el intestino?

✓ ¿Por qué a veces tengo hipo?

✓ ¿Cuál es el hueso más pequeño?

... Sigue leyendo y encontrarás la respuesta a todas estas preguntas y muchas más.

✓ ¿Cuánto pesa el cerebro?

Nuestra boca

La boca es trabajadora y está siempre muy ocupada; con ella somos capaces de hablar y comer, pero además es la encargada de que podamos hacer dos cosas maravillosas: sonreír y besar.

✓ ¿CÓMO es?

Por fuera, la boca tiene unos labios que puedes cerrar, abrir y estirar para hacer todo tipo de gestos, pero si abres la boca delante del espejo verás una cueva rosada y húmeda que tiene dientes a ambos lados y que termina en lo que todos llamamos campanilla, aunque su nombre científico es úvula. Arriba, hay un techo duro que es el paladar y abajo está la lengua, que se mueve

A cada lado de la úvula, comúnmente llamada campanilla, tenemos unas glándulas, las amígdalas, que a veces pueden inflamarse por una infección. Entonces te da mucha fiebre y te duele al tragar: tienes anginas.

sin parar todo el día. Los dientes, blancos y duros, forman dos filas curvas bien ordenadas arriba y abajo, que encajan entre sí.

✓ ¡Se me mueve un DIENTE!

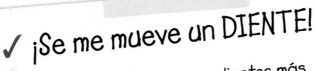

Los niños tienen unos dientes más blancos y pequeños: son los 20 dientes de leche, que se irán cayendo más o menos a los seis años para que crezcan los 32 dientes definitivos que tienen los adultos.

4

1 Los labios

Los labios son la puerta de la boca y tienen una piel muy sensible. Se pueden mover para hacer gestos y para pronunciar distintos sonidos, incluso para silbar.

2 El paladar

El paladar duro separa la nariz de la boca y se ayuda de la úvula para enviar la comida hacia el estómago, en lugar de que suba hacia la nariz.

4 La lengua

La lengua es un músculo que empuja la comida hacia atrás, ayudando a tragar. Además, junto al movimiento de los labios y apoyándose en los dientes de distintas maneras, produce sonidos imprescindibles para hablar.

3 Los dientes

Tenemos varios tipos de dientes: los incisivos delante para morder; los caninos o colmillos bien afilados a los lados y los molares para triturar la comida más al fondo.

✓ ¡A cepillarse!

No te saldrán caries ni te dolerán los dientes si te los cepillas bien por todos los lados después de cada comida.

5 La faringe

La faringe es un tubo situado al final de la boca que nos sirve tanto para transportar la comida como el aire que respiramos.

La digestión

Cuando comemos algo y seguimos con nuestras actividades diarias, no pensamos en el trabajo que le estamos dando al cuerpo en las siguientes horas: él hará la digestión sin que ni siquiera nos demos cuenta.

✓ ¿CÓMO ocurre?

Ya hemos visto lo que pasa con la comida dentro de la boca. Después de eso, la masa de alimentos que hemos masticado y mezclado con la saliva empieza a bajar por un tubo muy largo (el esófago) que llega hasta el estómago. Una vez allí, se mezcla y se revuelve con unos ácidos. Las sustancias o nutrientes

El apéndice es una bolsita con forma de dedo que cuelga del intestino grueso. En realidad no sirve para nada, pero si se te inflama tendrás apendicitis y habrá que operarte para quitártelo.

pasan al intestino (primero el delgado y después el grueso), desde donde se distribuyen por la sangre. Lo que sobra después de este proceso se almacena en la parte final del intestino grueso (el recto) y será expulsado en forma de heces (es decir, caca).

✓ La malvada «HELICOBACTER PYLORI»

La bacteria «Helicobacter pylori» ha infectado a la mitad de los habitantes del mundo provocando gastritis y úlceras. Produce dolor de estómago y vómitos y hay que tomar antibióticos para combatirla.

El proceso de la digestión

1 El esófago

Es un tubo musculoso situado a la altura del pecho que baja la comida hacia el estómago con unas contracciones que se llaman peristalsis.

2 El estómago

El estómago produce ácidos para descomponer la comida. A través de las paredes del estómago el cuerpo asimila algunas sustancias, pero otras pasan al intestino delgado.

3 El páncreas

Este órgano produce enzimas, unas sustancias químicas que también ayudan a descomponer los alimentos.

4 5 El intestino (grueso y delgado)

El intestino delgado (4) tiene vellosidades a través de las que el cuerpo absorbe los nutrientes de la comida. Todo lo que sobra pasa al intestino grueso (5), que lo transporta hasta el ano.

6 El hígado

Este órgano es tan importante que cumple hasta 500 funciones entre almacenar, fabricar y mantener distintas sustancias; entre ellas produce la bilis, esencial en la digestión, porque ayuda a descomponer los alimentos en el intestino.

7

¿Qué hacemos con los líquidos?

Ahora ya sabemos qué ocurre con la comida, pero ¿a dónde van los líquidos que bebemos? Dentro tenemos un sistema, llamado aparato urinario, que se encarga de ellos.

✓ El aparato URINARIO

Cuando bebemos un vaso de agua estamos dando a nuestro cuerpo algo esencial para vivir: más de la mitad de nuestro organismo es agua y ese nivel debe mantenerse para no enfermar. El agua que sobra sale del cuerpo de diversas maneras: puede ser a través de la piel en forma de sudor, como vapor de agua exhalado por los pulmones, o a través del aparato urinario en forma de orina (a la que todos llamamos con una palabra muy graciosa: pis). Este aparato está formado por varios órganos, como son los riñones, los uréteres, la uretra y la vejiga.

Además de deshacerse del agua que sobra, los riñones tienen muchas otras tareas; por ejemplo, producir una hormona que se llama eritropoyetina, que es la encargada de crear glóbulos rojos.

✓ ¿Se puede vivir con un SOLO RIÑÓN?

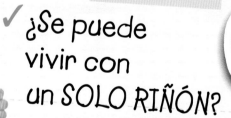

Algunas personas nacen con un solo riñón y otras tienen que quitárselo por haber sufrido un accidente o una enfermedad. Ese riñón crecerá de tamaño y hará solo todo el trabajo doble sin ningún problema.

1. Los riñones

Los riñones son como dos alubias gigantes colocadas a cada lado de la espalda. Su misión es filtrar la sangre del cuerpo, que llega a ellos a través de la arteria renal. Los riñones están siempre muy ocupados, porque además se encargan de equilibrar el agua que sale del cuerpo con la que entra y fabrican hormonas para que todo funcione bien.

Riñón

Una vez limpia y filtrada por los riñones, la sangre retorna al cuerpo.

Sangre

Agua + **Desechos**

Después, se mezcla con el agua y los desechos de nuestro cuerpo.

Orina

Por la mezcla, la sangre finalmente se transforma en orina.

2. Los uréteres

Son unos pequeños conductos que llevan la orina fabricada por los riñones hasta la vejiga.

3. 4. La vejiga y la uretra

La vejiga (3) es una bolsa que almacena la orina. Cuando está llena, sientes la necesidad de vaciarla: es hora de ir al baño a hacer pis. La uretra (4) es el conducto por donde sale la orina del cuerpo.

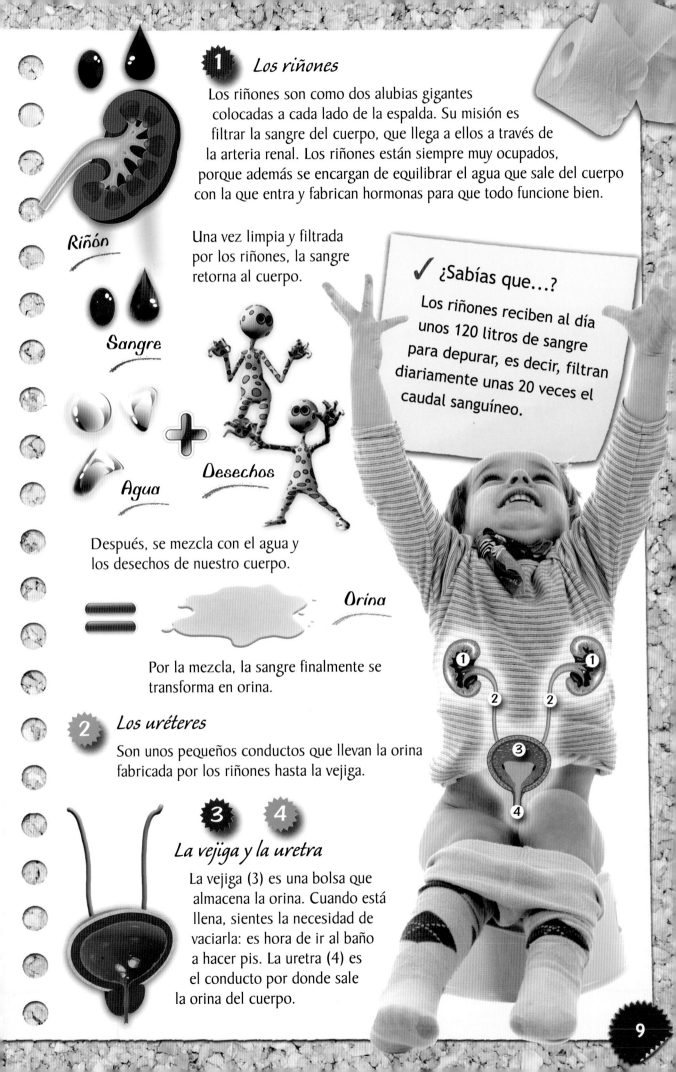

Respiramos

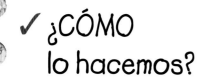

Todos los días, a cualquier hora, estés donde estés y hagas lo que hagas, hay una cosa que se repite sin que te des cuenta: estás respirando, y si dejaras de hacerlo no podrías vivir.

✓ ¿CÓMO lo hacemos?

Tenemos un aparato respiratorio que empieza a funcionar cada vez que tomamos aire por la nariz. Allí dentro hay mucosa y unos pelillos para detener la suciedad y dejar que solo el aire limpio siga entrando hacia abajo, en un viaje extraordinario que pasa por la faringe, la laringe y la tráquea y llega a los bronquios, desde donde pasa a los pulmones,

Para que la comida y la bebida no puedan colarse en los pulmones, tenemos una lengüeta que se cierra automáticamente cada vez que respiramos: es la epiglotis.

que serán los encargados de llevar el oxígeno a la sangre para distribuirla por el cuerpo. Después, el aire que sobra hace el viaje inverso para volver a salir.

✓ ¡Tengo HIPO!

El músculo diafragma se contrae cuando tomamos aire y se relaja cuando lo expulsamos, ayudándonos a respirar, pero de vez en cuando parece volverse loco con espasmos cada poco tiempo: es el hipo... ¡hic!

1 La nariz

Aunque por fuera puede ser grande o pequeña, ganchuda o respingona, todas las narices tienen unos agujeros para que entre el aire. Dentro está la cavidad nasal, que es un hueco donde el aire se limpia y se calienta.

2 3 La laringe y la tráquea

Después de la faringe, el aire pasa a la laringe (2), donde están las cuerdas vocales para producir sonidos y palabras. De allí baja por un tubo que es la tráquea (3).

4 5 Los bronquios y los pulmones

La tráquea se divide en dos conductos que se llaman bronquios (4) y que están conectados con los pulmones (5). Cada uno de los pulmones se ramifica en bronquiolos que llegan hasta unos diminutos sacos de aire, que son los alvéolos. Los 600 millones de alvéolos que tienes se encargarán de conectar el oxígeno con los capilares sanguíneos.

El motor del cuerpo

Seguro que puedes sentir el tictac del pequeño reloj que llevas dentro, ese que cuando acabas de hacer deporte, cuando te dan un buen susto o cuando estás enamorado, late aún más deprisa.

Tu corazón late de 60 a 100 veces cada minuto. Si vivieras 70 años, tu corazón habría latido al menos 2.500 millones de veces.

✓ ¿CÓMO es el corazón?

En realidad, tu corazón es un músculo que está colocado en mitad del pecho. Para saber cómo es de grande, observa el tamaño de tu puño cerrado: más o menos esa es su forma y su grosor. Es una bomba con mucho ritmo que tiene una misión: enviar la sangre, con el oxígeno que hemos respirado y los nutrientes que hemos comido, por todo el cuerpo. Un total de más de 7.000 litros de sangre pasan por tu atareado corazón cada día y después se distribuyen por las venas y las arterias hasta los capilares más pequeños.

✓ ¡Cuida tu CORAZÓN!

Solo tienes un corazón. Él trabaja para ti sin descanso, así que debes cuidarlo: haz un poco de ejercicio y come bien, pero sobre todo, aléjate del tabaco: ¡fumar es muy peligroso para tu corazón!

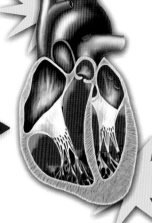
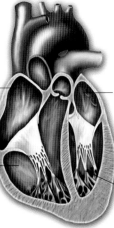

Aurícula izquierda

Aurícula derecha

Ventrículo izquierdo

Ventrículo derecho

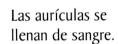

1 ## El corazón

El corazón está dividido en cuatro cavidades: dos aurículas y dos ventrículos que trabajan en equipo. Además, el corazón tiene unas válvulas (llamadas mitral, aórtica, tricúspide y pulmonar) que se abren y se cierran para que circule la sangre por el cuerpo.

Las aurículas se llenan de sangre.

Esa sangre pasa a los ventrículos y ellos la expulsan para distribuirla por el cuerpo mientras las aurículas vuelven a llenarse otra vez, palpitando sin parar.

4

Los capilares

Estos vasos sanguíneos se conectan con venas y arterias para llegar a todos los rincones, llevando el oxígeno y los nutrientes a las células.

✓ **Una larga carretera**

Los vasos sanguíneos que se cruzan y se ramifican miden ¡más de 96.000 kilómetros!

2 **3**

Las arterias y las venas

Las arterias (2) son los vasos sanguíneos más gruesos que tenemos para sacar la sangre del corazón hacia el resto del cuerpo. En cambio, las venas (3) son vasos sanguíneos pequeños que transportan la sangre.

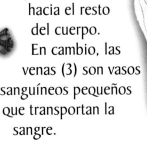

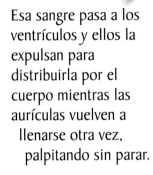

La sangre

Dentro de ti hay un mundo en miniatura que te recorre el cuerpo: es tu sangre, que viaja por todo tu interior. Este líquido lleva consigo células valerosas capaces de mantenerte fuerte, combatir las enfermedades y curar las heridas.

✓ ¿PARA QUÉ sirve?

Si te caes y te haces un corte, la piel se rompe y sale sangre. Este líquido rojo y caliente recorre todo tu cuerpo llevando consigo lo que te hace falta para vivir: el oxígeno, los nutrientes, etc. Además, la sangre nos ayuda de muchas otras maneras: contiene anticuerpos para que puedas

¿Por qué es roja? Los glóbulos rojos contienen un pigmento que da ese color característico a la sangre: ¡ni siquiera los príncipes tienen la sangre azul!

defenderte de las enfermedades y las infecciones, se coagula cuando te haces una herida para evitar que te desangres, es capaz de mantener la temperatura corporal estable... La sangre es un líquido precioso, ¿verdad?

✓ Grupos SANGUÍNEOS

Existen cuatro tipos de sangre que forman los grupos A, B, AB y 0, que, además, pueden ser positivos o negativos. Los grupos más comunes son el A+ y el 0+, que agrupan entre los dos al 72 % de la población: el más raro es el AB-, con un 0,5 %.

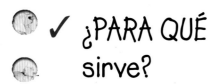

1 Los glóbulos rojos

También se llaman eritrocitos y tienen la forma de una nave espacial: un disco plano. Tienen una proteína rica en hierro, la hemoglobina, muy importante para que estés fuerte y no tengas anemia.

2 El plasma

Es un líquido amarillento que forma la sangre junto a los glóbulos blancos, los rojos y las plaquetas. El plasma es agua en un 90 % y el 10 % restante son nutrientes, proteínas, hormonas…

3 Los glóbulos blancos

Su otro nombre es leucocitos y son verdaderos héroes: los encargados de luchar contra las infecciones. Cuando los gérmenes, las bacterias o los virus nos invaden, los glóbulos blancos producen anticuerpos para vencer a estos enemigos.

4 Las plaquetas

Las plaquetas o trombocitos se encargan de coagular la sangre, es decir, ponerla dura como una costra, cuando te haces una herida. Esto es importantísimo, porque así se tapona el agujero y no puede salirse la sangre del cuerpo.

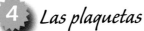

✓ ¿Cuánta sangre tenemos?

Depende de la altura, peso y edad, pero en general, un adulto suele tener entre 4,5 y 6 litros de sangre.

El esqueleto

¿Te dan miedo los esqueletos? Pues no te asustes, pero tienes uno dentro de ti. Y menos mal, porque si no lo tuvieras, serías blando y no podrías ponerte de pie, sentarte o moverte.

✓ 206 HUESOS

Los seres humanos adultos tienen en total 206 huesos que por fuera son lisos y duros, pero por dentro son esponjosos y contienen la médula ósea, una especie de gelatina. Cuando eras un bebé tenías más de 300 huesos cartilaginosos, muy blandos y flexibles, que se fueron estirando con el crecimiento y se soldaron entre sí. Cuando seas mayor, si bebes mucha leche y comes bien, tus huesos se habrán endurecido mucho gracias al calcio que se va almacenando. Tendrás entonces un esqueleto estupendo que te acompañará toda la vida saltando y bailando.

El esqueleto crece desde que naces hasta los 35 años; a partir de entonces, empezará a encogerse un poco, por eso los abuelitos parecen más pequeños.

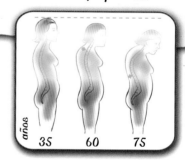

años

35 · 60 · 75

✓ ¡Cuidado, pueden ROMPERSE!

Si te das un golpe fuerte, se te podría romper algún hueso. Esto duele mucho y tendrán que ponerte una escayola durante bastantes días para que el hueso esté quieto y pueda volver a soldarse.

1 El cráneo

El cerebro es blandito, así que lo mejor es protegerlo con un casco de hueso: tu cráneo. Además, el cráneo será quien dé expresión a tu cara: según sean tus huesos, así serás tú.

2 La columna vertebral

Es una espina de 26 huesos en total que tienes a lo largo de toda la espalda. Los siete primeros son las vértebras cervicales, después tienes 12 vértebras torácicas, seguidas de cinco vértebras lumbares. Por último, tienes el sacro y el cóccix.

Vértebras cervicales

Vértebras torácicas

Vértebras lumbares

Sacro

Cóccix

3 Los huesos de los brazos

Cada brazo tiene un húmero, un cúbito y un radio y el primero se une al tronco por la escápula.

Escápula

Húmero

Las manos tienen 54 huesos… para escribir con precisión.

Cúbito

Radio

4 Las costillas

El corazón, los pulmones y el hígado también necesitan protección: tus 12 pares de costillas son una buena coraza.

Pelvis

Fémur

5 Los huesos de las piernas

Las piernas se unen al tronco por la pelvis y tienen un fémur, una tibia y un peroné. Entre los pies y los tobillos se acumulan 52 huesos… para jugar bien al fútbol.

Tibia

Peroné

El hueso más pequeño

Tienes un minihueso en el oído llamado estribo que solo mide entre 2 y 3 milímetros.

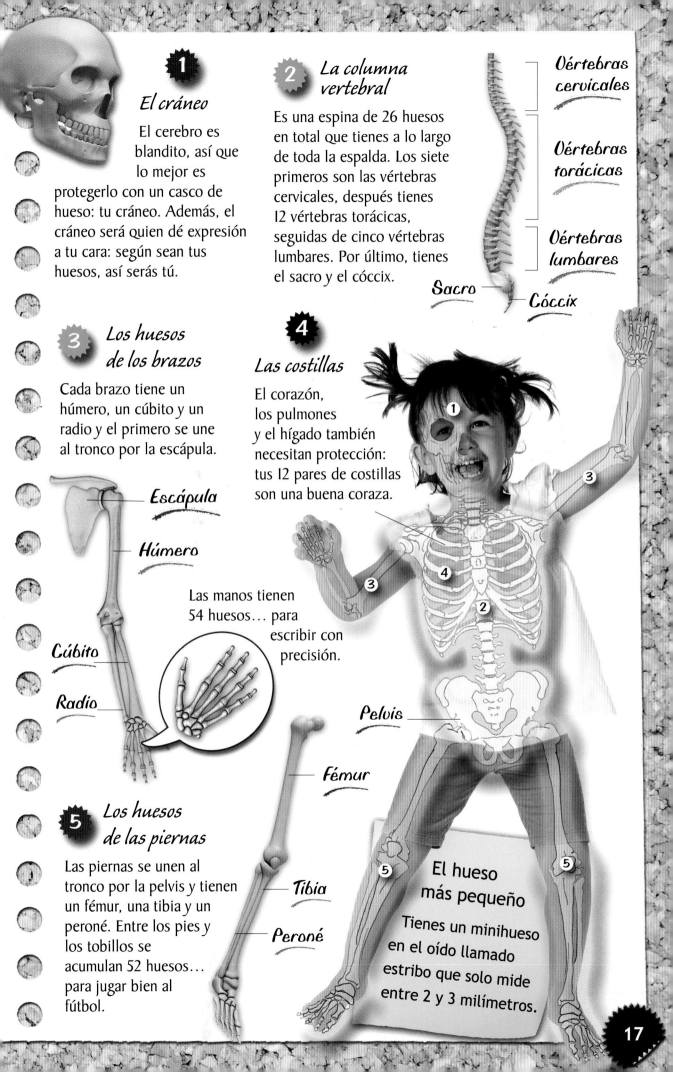

17

Cuestión de músculos

Seguro que te has fijado en los músculos de los superhéroes, ¿verdad? Pues ellos tienen exactamente los mismos que tú: una red elástica de más de 600 músculos.

✓ Los MÚSCULOS

Piensa en los músculos... ¿ves a un fortachón sacando bola, verdad?, pero esa visión solo es una parte de ellos. En realidad, tienes un músculo con mucho ritmo, tu corazón, que se llama músculo cardíaco y te mantiene vivo, tienes unos músculos lisos que se mueven involuntariamente y tienes los llamados músculos esqueléticos. Estos últimos son los que puedes mover como quieras, son de muchas formas y tamaños y van unidos a los huesos a lo largo de todo el esqueleto para que puedas hacer cualquier movimiento, desde darle una patada a un balón, hasta saltar o correr.

Hay unos músculos especiales llamados lisos (en capas superpuestas) que no puedes controlar, sino que se mueven solos; por ejemplo, cuando el estómago se mueve para hacer la digestión.

✓ Músculos FACIALES

Tu cara tiene muchísimos músculos para gesticular: levantar una ceja, fruncir el ceño, masticar, guiñar un ojo... Ahorra energía y úsalos para sonreír: solo necesitas siete músculos; en cambio, para enfadarte necesitas 34.

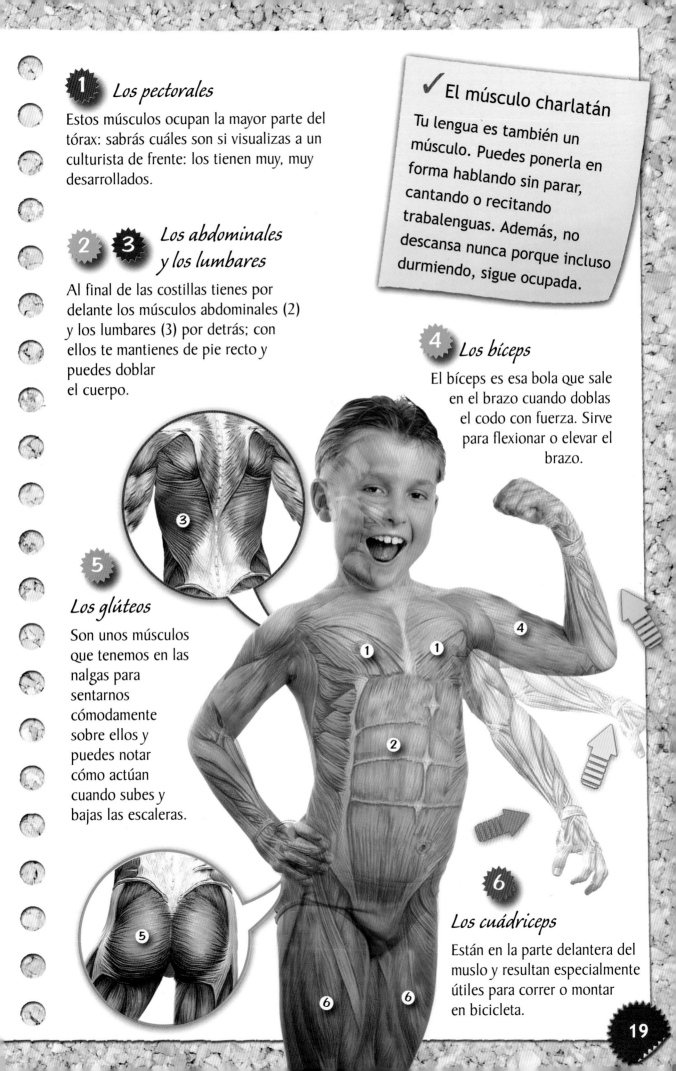

1 Los pectorales

Estos músculos ocupan la mayor parte del tórax: sabrás cuáles son si visualizas a un culturista de frente: los tienen muy, muy desarrollados.

2 3 Los abdominales y los lumbares

Al final de las costillas tienes por delante los músculos abdominales (2) y los lumbares (3) por detrás; con ellos te mantienes de pie recto y puedes doblar el cuerpo.

✔ El músculo charlatán

Tu lengua es también un músculo. Puedes ponerla en forma hablando sin parar, cantando o recitando trabalenguas. Además, no descansa nunca porque incluso durmiendo, sigue ocupada.

4 Los bíceps

El bíceps es esa bola que sale en el brazo cuando doblas el codo con fuerza. Sirve para flexionar o elevar el brazo.

5 Los glúteos

Son unos músculos que tenemos en las nalgas para sentarnos cómodamente sobre ellos y puedes notar cómo actúan cuando subes y bajas las escaleras.

6 Los cuádriceps

Están en la parte delantera del muslo y resultan especialmente útiles para correr o montar en bicicleta.

Las bisagras del cuerpo

Entre un hueso y otro tienes unas 100 bisagras llamadas articulaciones. Sin ellas, los huesos nunca podrían doblarse, estarían rígidos y no sería posible hacer ningún movimiento.

Las articulaciones del cerebro se llaman fibrosas y son especiales: cada placa de hueso se une con la siguiente por fibras duras en las que no se permite ningún movimiento.

✓ Articulaciones, tendones, ligamentos y cartílagos

Si las articulaciones que tienes conectan un hueso con otro, los tendones son los que conectan un hueso con un músculo. Los ligamentos, en cambio, ligan o unen los huesos dentro de las articulaciones. Por su parte, los cartílagos son como un cojín blandito de fibra que hay entre cada hueso para impedir que se rocen entre sí o se desgasten. Para ayudarles, tienen la inestimable colaboración del líquido sinovial, que amortigua los golpes. Todas estas cosas funcionan juntas para que puedas moverte como un contorsionista.

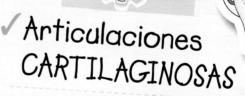

✓ Articulaciones CARTILAGINOSAS

El movimiento de la columna es muy curioso: cada vértebra se une a la anterior y a la posterior por un cartílago. Para moverse, cada vértebra depende de las que están a su lado.

20

1 2

La cadera y los hombros

La cadera (1) y los hombros (2) tienen articulaciones esféricas, que permiten movimientos hacia atrás, hacia delante y hacia los lados.

Cadera

Hombro

Rodilla

3 La cabeza y el cuello

La cabeza puede girar de un lado a otro porque tiene articulaciones pivotantes; esto nos permite decir que sí y que no y mirar hacia atrás o hacia delante.

Codo

5 Los codos

Los codos tienen articulaciones de bisagra, que nos permiten estirar y doblar, pero no girar.

4 Las rodillas

Las rodillas tienen una articulación de bisagra muy compleja que es la más grande del cuerpo.

Mano

7 Las manos

Las muñecas también son totalmente móviles, como los tobillos. En cada mano, en el pulgar, tienes una articulación llamada silla de montar, que se mueve en dos direcciones.

6 Los pies

Los tobillos son totalmente móviles en todas las direcciones. Los pies tienen articulaciones de deslizamiento para soportar el peso del cuerpo.

Pie

✓ **Articulaciones ruidosas**

El líquido sinovial se halla dentro de unas cápsulas de los huesos; al mover la articulación, estas cápsulas liberan los gases del fluido y producen el ruido articular.

El ordenador central

El cerebro es el ordenador central de tu cuerpo. Desde ahí arriba, el gran jefe manda órdenes, es el responsable de tu memoria y de todo lo que entiendes y aprendes.

¿Sabes por qué no puedes hacerte cosquillas a ti mismo? Porque no puedes sorprender ni engañar a tu cerebro.

✓ Tu CEREBRO

Tu sistema nervioso tiene un controlador que es el cerebro y un montón de nervios que se ramifican por todo tu cuerpo para recibir y enviar la información al cerebro a través de la médula espinal, situada en el interior de la columna vertebral. De este modo, si, por ejemplo, te quemas una mano, las neuronas que están en los nervios de la piel enviarán al cerebro un mensaje de dolor y este mismo a su vez ordenará a la mano que se aparte del fuego. Y todo eso lo hará en décimas de segundo.

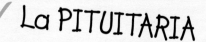

✓ La PITUITARIA

Es una glándula muy pequeña, pero potente, porque produce las hormonas que necesitas para crecer y además es un centinela perfecto capaz de dar respuestas rápidas cuando estás en peligro.

1 El cerebro

Si partes una nuez en dos podrás ver algo muy parecido a cómo es tu cerebro. Él lo controla todo: tus movimientos, el lenguaje, la inteligencia, la memoria, las emociones y las sensaciones.

Emociones

Movimiento

Lenguaje

Memoria

Inteligencia

2 El cerebelo

Gracias al cerebelo guardas el equilibrio y coordinas tus movimientos. Sin él, serías muy torpe.

4 El hipotálamo

Es el chivato que te avisa de cuándo tienes sed, hambre o sueño.

3 El bulbo raquídeo

Está colocado en el tronco encefálico y sirve para regular dos cosas tan necesarias como involuntarias: tu respiración y los latidos de tu corazón.

5 Las neuronas

El cerebro tiene millones de estas células que captan la información y la transmiten por todo el cuerpo. Los bebés tienen muchas más neuronas que tú, pero como aún no las han conectado entre sí, saben muchas menos cosas.

✓ Datos del cerebro adulto

- TAMAÑO: una coliflor mediana.
- NÚMERO DE NEURONAS: 100.000.000.000 (sí, ¡100 mil millones!).

Inteligencia, razón y emoción

El cerebro no es solamente un ordenador que controla el sistema nervioso; gracias a él los seres humanos somos inteligentes, tenemos memoria, hablamos, nos movemos y, sobre todo, sentimos y nos emocionamos.

Con toda la actividad que tiene, el cerebro es muy agradecido: su consumo energético total diario es de unos 12 watios; es decir, ¡lo mismo que la bombilla de la nevera!

✓ ¿PARA QUÉ sirve?

Nuestro cerebro se divide en dos mitades o hemisferios: el izquierdo y el derecho. El lado izquierdo se encarga de las materias objetivas y lógicas y el derecho, de las cosas creativas, intuitivas y subjetivas. De manera que un científico tendrá más desarrollado el hemisferio izquierdo y probablemente un artista el derecho, aunque ambos se intercambian información y la mayor parte de las personas utilizan los dos por igual.

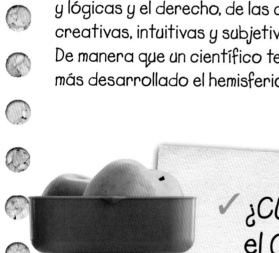

✓ ¿CUÁNTO pesa el CEREBRO?

Es increíble: a pesar de su importancia y de que siempre está trabajando, el cerebro de un adulto no suele pesar mucho más de un kilo; es decir, como mucho un 2 % del peso corporal.

Hemisferio derecho

Hemisferio izquierdo

✓ **El cerebro envejece**

Con los años, las neuronas se pueden encoger y por eso tus abuelitos aprenden más despacio y pueden perder la memoria. Ten paciencia y te sorprenderán.

1 El lóbulo occipital

Esta parte del cerebro es la encargada de que puedas ver.

2 El lóbulo parietal

Aquí llegan los mensajes transmitidos por el sentido del tacto y del gusto y además es un buen termómetro corporal: él sabe si tienes frío o calor.

3 El lóbulo frontal

Está por detrás de la frente. Con él se pueden planificar las cosas, trabajar la imaginación y razonar los problemas de matemáticas. Es donde se genera el movimiento, el lenguaje, la inteligencia y la personalidad.

4 El lóbulo temporal

Está colocado cerca de los oídos porque es el procesador de sonidos. Además, es el lugar donde se encuentran los recuerdos.

La vista

No hay nada mejor que abrir los ojos
para entender el mundo que te rodea:
de un solo vistazo distinguimos la forma,
el volumen, el tamaño, el color, la distancia
o la textura de cualquier objeto.

✓ Los OJOS

El sentido de la vista funciona a través de los ojos, unos órganos capaces de detectar la luz y de enfocar, enviando esa información rápidamente al cerebro, que interpreta las imágenes. Los ojos tienen una estructura muy compleja que les permite medir la profundidad o distancia y adaptarse a mucha o poca luz, pudiendo ver tanto de noche como de día. Sin embargo, muchas personas no tienen una visión perfecta y necesitan la ayuda de unas gafas que corrijan lo que ven borroso. Si este es tu caso, no te preocupes: las gafas te hacen más interesante.

El iris más común es el marrón, pero sea cual sea el color, nunca es homogéneo, sino que tiene manchas y estrías que convierten cada iris en algo así como la huella digital del ojo: único e intransferible.

✓ ¿PARA QUÉ sirven las GAFAS?

Los cristales de las lentes o las gafas compensan algunos defectos de la vista, como ver mal de lejos (miopía), de cerca (hipermetropía) o ver borroso (astigmatismo y presbicia o vista cansada).

El proceso de la visión

✓ **El daltonismo**

Los daltónicos son personas que confunden el color rojo con el verde o son incapaces de distinguirlo.

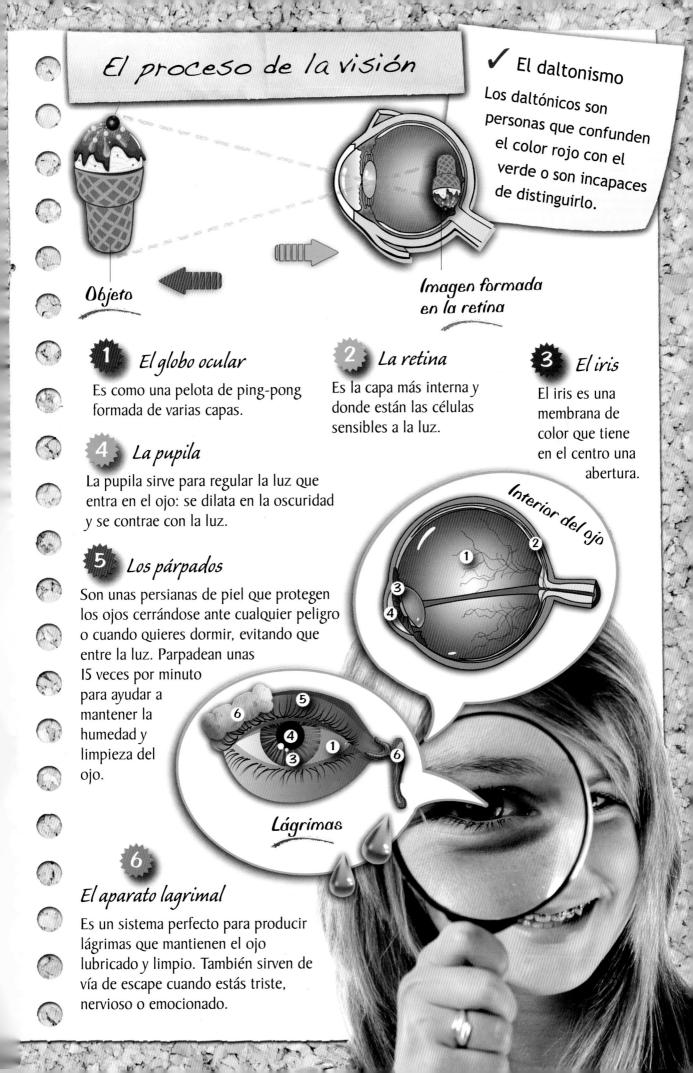

Objeto

Imagen formada en la retina

1 El globo ocular

Es como una pelota de ping-pong formada de varias capas.

2 La retina

Es la capa más interna y donde están las células sensibles a la luz.

3 El iris

El iris es una membrana de color que tiene en el centro una abertura.

4 La pupila

La pupila sirve para regular la luz que entra en el ojo: se dilata en la oscuridad y se contrae con la luz.

5 Los párpados

Son unas persianas de piel que protegen los ojos cerrándose ante cualquier peligro o cuando quieres dormir, evitando que entre la luz. Parpadean unas 15 veces por minuto para ayudar a mantener la humedad y limpieza del ojo.

Interior del ojo

Lágrimas

6 El aparato lagrimal

Es un sistema perfecto para producir lágrimas que mantienen el ojo lubricado y limpio. También sirven de vía de escape cuando estás triste, nervioso o emocionado.

El oído

¿Qué harías sin tus oídos? Desde luego, muchas menos cosas que ahora: sin el sentido del oído no podrías charlar con los amigos, escuchar música, ni aprender lo que te cuentan los profesores en clase.

✓ Dos OREJAS

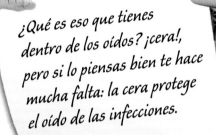

¿Qué es eso que tienes dentro de los oídos? ¡cera!, pero si lo piensas bien te hace mucha falta: la cera protege el oído de las infecciones.

Tenemos una oreja a cada lado de la cabeza, las hay grandes, pequeñas, de soplillo, o puntiagudas, pero todas ellas reciben tirones cuando cumplimos años y todas son únicas: hay ladrones a los que les han pillado por la huella que su oreja dejó al apoyarse a escuchar tras una puerta. Eso sí, todas desempeñan muy bien su misión: captar las ondas del sonido, procesarlas en su interior y enviarlas al cerebro. Por si todo esto fuera poco, los oídos también se encargan de que mantengas el equilibrio.

✓ El LENGUAJE de SIGNOS

Las personas sordas no pueden oír, pero se comunican muy bien con el lenguaje de signos que incluye rápidos movimientos con los brazos y las manos, y gestos muy expresivos con el rostro.

El proceso de la audición

1 El pabellón auditivo

Se trata de la oreja: es como un embudo que capta las ondas del sonido y las lleva por el conducto auditivo.

2 El tímpano

Al fondo del conducto auditivo está el tímpano, una lámina de piel tensada como un tambor, que transforma las ondas sonoras en vibraciones.

4 La cóclea o el laberinto

Es un tubito enrollado y lleno de líquido que se mueve cuando llegan las vibraciones. Entonces, los pelitos finísimos que cubren la cóclea envían señales al cerebro, que interpreta el sonido.

3 El martillo, el yunque y el estribo

Son tres huesecillos que transmiten la vibración que viene del tímpano hasta la cóclea.

Martillo

Yunque

Estribo

✓ ¡Me mareo!

Si das muchas vueltas, el líquido que hay dentro de la cóclea puede seguir moviéndose más tiempo aunque tú ya estés quieto: te has mareado.

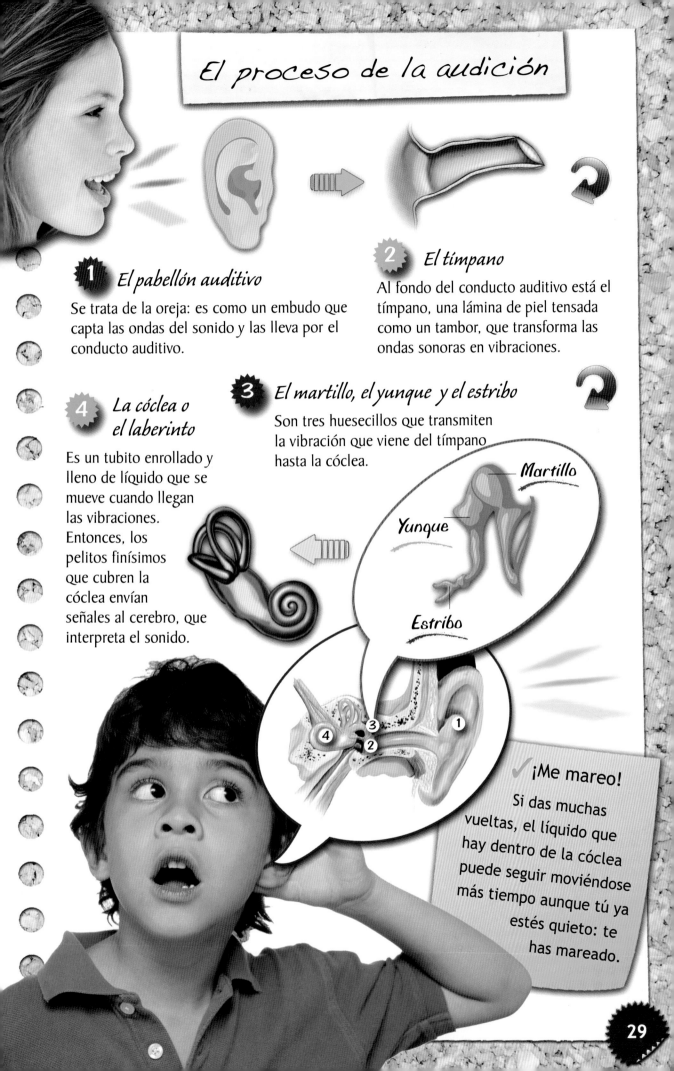

29

El olfato

El ser humano es capaz de percibir hasta 10.000 olores diferentes y retenerlos en la memoria. Además puede provocar en nosotros emociones intensas con la percepción de un solo aroma.

✓ ¿PARA QUÉ sirve la NARIZ?

Cierra los ojos y trata de recordar olores muy característicos: el césped húmedo, el queso, el chocolate, el perfume de tu mamá... ¿verdad que es maravilloso?

Como ocurre con las orejas, hay narices para todos los gustos: aguileñas, respingonas, largas como la de Pinocho, o ganchudas como la de una bruja, pero en cualquier caso, esta parte del cuerpo es tremendamente útil: gracias a tu nariz puedes respirar, distinguir el aroma de una rosa del pestilente olor de una alcantarilla y percibir el sabor de la comida. Porque la nariz no es solamente el órgano dedicado al sentido del olfato, sino que influye mucho en el del gusto. Si no te lo crees, prueba a comer algo con la nariz tapada... no tiene mucho sabor, ¿verdad?

✓ El TAMAÑO de la NARIZ

El tamaño de la nariz es diferente en los mamíferos: algunas han evolucionado hasta conservar tan solo los orificios nasales, como la ballena, y otros, en cambio, la han desarrollado en extremo: es el caso de la trompa de elefante.

1 La cavidad nasal

Desde fuera, la nariz es simplemente un apéndice con dos agujeros (orificios nasales) por los que entra y sale el aire. Dentro de ella hay todo un mundo por descubrir: una cueva, llamada cavidad nasal, que está húmeda por la mucosa y se encarga de calentar el aire que entra.

2

El epitelio olfativo

En la parte de arriba de la cavidad nasal hay un grupo de células cubiertas por pelillos diminutos (los cilios) que se encargan de atrapar los olores.

3 4

El bulbo y el nervio olfativo

Los olores se transmiten hasta el bulbo olfativo (3). De ahí, pasan al nervio olfativo (4) que, por medio de señales nerviosas, los transmite hasta el cerebro. Él se encargará de avisarte de que no debes comer algo que huele a podrido y sí tu merienda favorita.

✓ ¿Una brújula en tu nariz?

¿Has jugado alguna vez con un imán? Pues te sorprenderá saber que tu nariz también tiene una pequeña cantidad de magnetita que, como una brújula, te servirá para orientarte respecto al campo magnético de la Tierra.

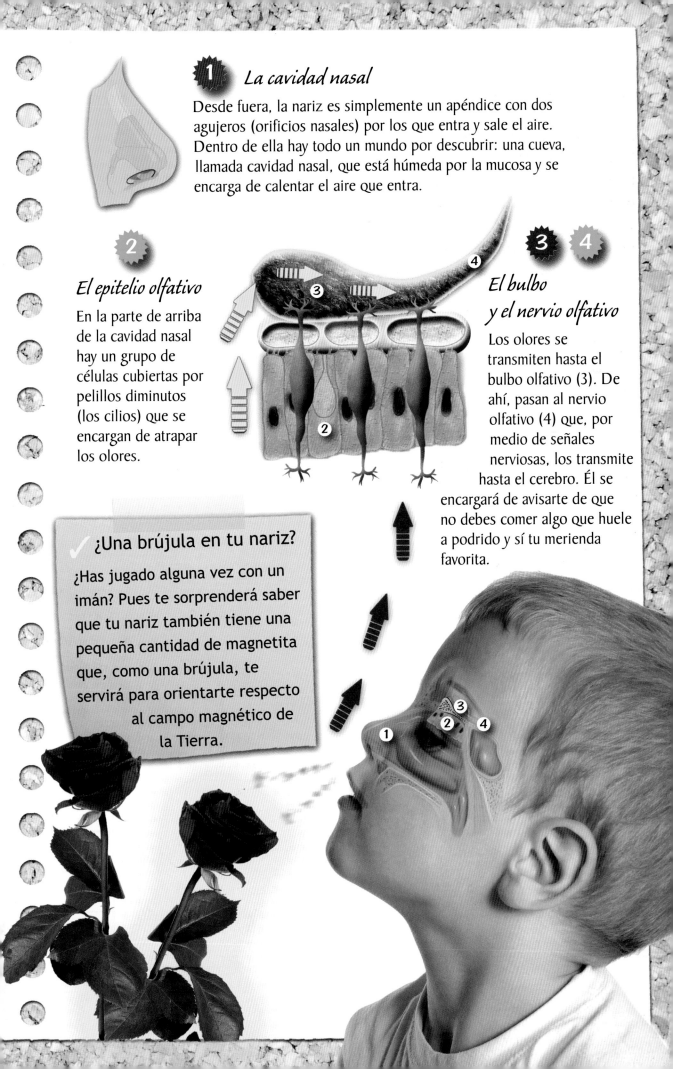

El gusto

El sentido del gusto es el que da sal y azúcar a la vida. Si no pudieras saborear tu deliciosa tarta de cumpleaños, el bocadillo del colegio y los macarrones con tomate seguramente serías un poquito menos feliz.

✓ Con BUEN SABOR de boca

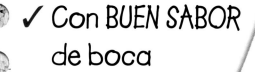

La mejor amiga de la lengua para captar los sabores es la nariz. Como ya hemos visto, el olfato lleva el aroma de las cosas hasta el cerebro reforzando el sabor que luego da la lengua.

Saca la lengua. Si te fijas bien frente a un espejo (acércate lo suficiente), verás que la lengua es muy rugosa. Esos bultitos pequeños que cubren toda la lengua son las aproximadamente 10.000 papilas gustativas que tenemos para detectar todos los sabores. La papilas tienen unos cilios o pelillos diminutos que llevan la información al cerebro y él registra los sabores y los memoriza para podernos avisar de cuándo algo está malo. Si bebes un vaso de leche y te sabe extrañamente agria, significa que tu cerebro te está avisando de que no es el sabor de siempre y por tanto es peligrosa y no debes beberla.

✓ Yogures... ¡sin FRUTA!

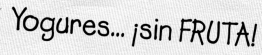

¿Te gustan los yogures de sabores?, entonces te sorprenderá saber que en realidad no contienen ni una pizca de tu fruta favorita: ésta se sustituye por aromas artificiales que inventan unos especialistas a los que se llama flavoristas (del inglés «flavour»). ¡Unos auténticos ingenieros del sabor!

1 El sabor amargo

Es difícil acostumbrarse a este sabor que se localiza en la parte posterior de la lengua. Según los investigadores, al cerebro no le gusta porque lo relaciona con los venenos, que suelen ser amargos; sin embargo, hay cosas amargas deliciosas, como el chocolate puro.

Papilas gustativas

Epitelio gustativo

2 El sabor ácido

Este sabor no tiene muchos amigos porque el cerebro cree que algo ácido o agrio no está bueno. Sin embargo, algunas cosas ácidas son muy sanas: por ejemplo, los limones. La parte de la lengua que detecta los ácidos es la posterior, a ambos lados.

✓ Nuevos sabores

Algunos investigadores creen que hay dos sabores básicos más: el «umami», que en japonés significa 'sabroso' y el «adiposo», que detecta el sabor de la grasa.

3 El sabor dulce

Es el único sabor aceptado por todas las culturas de la Tierra como uno de los sabores más placenteros. ¿Quién se resistiría a un pastel, verdad? El sabor dulce se detecta en la punta de la lengua y se encuentra en casi todos los postres.

4 El sabor salado

¡Qué ricas son las patatas fritas! Ese delicioso sabor salado se localiza en la parte delantera de la lengua, a los dos lados. Gusta tanto, que usamos sal para hacer más sabrosa la comida.

El tacto

El sentido del tacto nos permite conocer el tamaño, la forma, la textura y la temperatura de cualquier objeto, pero sobre todo es muy importante para hacer una de las mejores cosas del mundo: acariciar.

✓ La PIEL

El tacto se percibe a través de la piel, que está llena de receptores nerviosos que recogen la información y la trasladan al cerebro. Hay receptores capaces de percibir cualquier cosa: unos identifican la textura, otros la presión, otros sensaciones como el calor o el frío. Normalmente, exploramos las cosas con las manos, pero en realidad cualquier parte del cuerpo puede beneficiarse del sentido del tacto, ya que estamos cubiertos de piel por todas partes; así, puedes notar lo áspera que está la toalla en la espalda y lo caliente que está el agua de la bañera metiendo un pie.

Toda la piel tiene unos cuatro millones de receptores nerviosos, pero hay zonas más sensibles que otras: los dedos, la lengua y los labios perciben más cosas, por eso nos gusta besarnos y por eso los bebés se llevan todo a la boca.

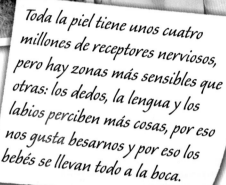

✓ El músculo HORRIPILADOR

Cuando tienes frío o algo te emociona, se te eriza el pelo y se te pone lo que comúnmente se llama la «piel de gallina». El causante de estas sensaciones es el músculo horripilador que se contrae y hace que el pelo se levante.

1 Los mecanorreceptores

Son las terminaciones nerviosas que perciben la flexión, la presión, la textura y el estiramiento.

Liso / Rugoso

Fino / Grueso

Blando / Duro

Suave / Áspero

2 Los termorreceptores

Son los encargados de percibir los cambios de temperatura. Unos detectan el frío y otros el calor.

Caliente / Frío

3 Los receptores del dolor

Son mecanismos de alarma que reaccionan ante estímulos térmicos o mecánicos que puedan dañar la piel, como presión excesiva o frío y calor extremos.

Mecanorreceptor

Receptor del dolor

Termorreceptor

✓ **Las yemas de los dedos**

Cada yema de tus dedos tiene unos 100 receptores nerviosos acumulados en un espacio muy pequeño, pero muy eficaz.

Recargando las pilas

La energía que gastamos cada día necesita recargarse durante la noche. Pasamos una tercera parte de nuestra vida durmiendo: una persona de 80 años habrá pasado durmiendo… ¡unos 26 años de su vida!

El más dormilón del reino animal es el león, que puede dormir hasta 20 horas diarias, al igual que el koala o el perezoso. Les sigue de cerca el murciélago, con 18 o 19 horas. Perros y gatos, más comedidos, duermen unas 12 horas. En cambio, la jirafa es insomne y duerme solo dos horas al día.

✓ Dulces SUEÑOS

Nuestro ciclo vital necesita de un periodo de descanso de unas ocho horas cada día para poder funcionar bien cuando estamos despiertos. Ese descanso nocturno se caracteriza por la bajada de los niveles de toda actividad fisiológica: baja la presión sanguínea, disminuyen los latidos del corazón y se reduce el ritmo respiratorio dejando en reposo todo el cuerpo. Sin embargo, la mente, el cerebro, siempre está funcionando: controla cómo duermes y asegura tu descanso.

✓ Terroríficas PESADILLAS

Cuando algo te preocupa mucho, si estás enfermo o si has visto una película de terror puedes tener una pesadilla: es solo un mal sueño, puede ser muy triste o darte mucho miedo, pero debes recordar que no es real y no puede hacerte daño. Además, una vez que te hayas despertado, no volverás a experimentarla cuando te duermas de nuevo.

Las fases del sueño

Fase NO REM

1	2	3	4

Fase REM

5

Sueño ligero

Sueño profundo

Sueño muy profundo

✓ **¿Qué es soñar?**

Es un maravilloso proceso involuntario en el que se mezclan las vivencias y los recuerdos recientes que están en nuestra memoria. Los sueños que mejor recordamos al despertar son los elaborados en la fase REM.

1 La fase no REM

Desde el momento en que empiezas a quedarte dormido, los músculos se relajan, respiras más despacio, te late el corazón más lentamente y empiezas a sentir que el sueño se apodera de ti, aunque aún eres consciente de lo que pasa a tu alrededor. Entonces te quedas dormido, pero con un sueño muy ligero, de manera que cualquier ruido o movimiento puede despertarte.

2 La fase REM

Entras en una fase de sueño muy profundo en el que tu ritmo cardíaco sube y tus ojos comienzan a moverse rápidamente: es la fase REM, del inglés «Rapid Eye Movement», movimiento ocular rápido o MOR en español. Todas las informaciones que tu cerebro ha almacenado pueden reelaborarse ahora en forma de sueños.

Despierto → *Fase NO REM* → ① → ② *Fase REM*

ZZZZZ

La montaña rusa hormonal

Durante unos años, los niños dejan de ser niños, pero tampoco son adultos aún: están en plena transformación. Esta fase intermedia se llama pubertad o adolescencia y en ella las hormonas parecen volverse locas con cambios profundos en el cuerpo y emociones confusas y desconcertantes.

Si te está cambiando la voz, te empieza a salir pelo en el cuerpo o te están creciendo los pechos, no te asustes; tus hormonas están revolucionadas para conseguir algo maravilloso: hacerte mayor.

✓ Tu SISTEMA ENDOCRINO

¿Recuerdas la glándula pituitaria? Pues ella es una de las jefas del sistema endocrino, que es el encargado de hacer cosas fundamentales como ayudarte a crecer. Esta y otras glándulas fabrican hormonas para informar a las células sobre qué deben hacer en cada momento. Otras glándulas muy importantes son la tiroides, en el cuello, y las glándulas suprarrenales.

La glándula más grande de este sistema es el páncreas, que fabrica insulina, una hormona que ayuda a la glucosa (el azúcar) a distribuirse en la sangre como si fuera el combustible del organismo.

✓ ¡El amor en el aire!

Muchas veces habrás visto a las mariposas volar juntas y seguirse unas a otras. Esto se debe a las feromonas: unas sutancias químicas que segregan para atraer al individuo del sexo contrario. Las hembras incluso atraen al macho hasta a ¡20 kilómetros de distancia! Los científicos sospechan que los humanos también intercambian información a través de las feromonas.

1. La hormona del crecimiento

En realidad tiene el nombre de somatotropina y la produce la glándula hipófisis. Provoca el crecimiento de las células, por lo tanto es la responsable de que aumentes de talla.

2. La adrenalina

Es la hormona de la urgencia, la segregamos ante situaciones de riesgo para ponernos en guardia y saber reaccionar. La producen las glándulas suprarrenales.

3. La testosterona

Es la hormona sexual masculina, la que hace que los niños desarrollen más su musculatura, tengan pelo en el cuerpo o les gusten las chicas. La producen los testículos.

✓ ¡Huelo mal!

Las hormonas también pueden hacer que sudes más y que la piel esté más grasienta. Tranquilo: tiene que ver con la revolución hormonal de la pubertad.

4. Los estrógenos

Es la hormona sexual femenina. Gracias a ella, las niñas notan cómo les crecen los pechos y pueden tener la menstruación, preparándose para poder ser madres en el futuro. La producen los ovarios.

Hipófisis

Hipófisis

Glándulas suprarrenales

Glándulas suprarrenales

Testículos

Ovarios

Piel, pelo y uñas

La piel es el órgano más grande del cuerpo, con unos 2 m^2 de extensión y 5 kilos de peso. De ella salen el pelo y las uñas. Estas tres cosas protegen el cuerpo cubriéndolo y manteniendo su temperatura.

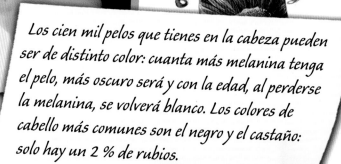

Los cien mil pelos que tienes en la cabeza pueden ser de distinto color: cuanta más melanina tenga el pelo, más oscuro será y con la edad, al perderse la melanina, se volverá blanco. Los colores de cabello más comunes son el negro y el castaño: solo hay un 2 % de rubios.

✓ Los tres MOSQUETEROS

La piel mantiene todos los órganos en su sitio, los recoge y no permite que se dispersen, de manera que es como la funda del cuerpo. Además, la piel tiene pelo en algunas zonas, como en la cabeza, donde es abundante y sirve de aislante frente al frío, al calor o a los golpes. Aunque a veces sea imperceptible, también tiene vello, un pelo muy fino que ayuda a no pasar frío. Las uñas son otra protección, en este caso de los dedos, y además sirven para rascarse y efectuar actividades de mucha precisión.

✓ ¡Sudor!

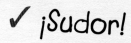

La piel no solo mantiene tu cuerpo caliente, sino que cuando hace calor, sabe refrescarlo por medio de las glándulas sudoríparas. El sudor saca el calor del cuerpo hacia fuera para que se evapore con el aire.

1 La piel

La piel tiene tres capas: la epidermis es la capa externa que se ve desde fuera. Funciona como una coraza protectora. La segunda capa es la dermis, que tiene terminaciones nerviosas, vasos sanguíneos, glándulas sebáceas y sudoríparas. La última capa, la hipodermis, está compuesta de grasa que mantiene la temperatura, aísla de los golpes y es donde nace el pelo.

Epidermis

Dermis

Hipodermis

Cutícula

3 El pelo

Cada pelo nace de un folículo piloso donde está la raíz. El pelo atraviesa la piel y es un filamento flexible que puede ser de distinto color y de distinta forma en cada persona.

2 Las uñas

Son unas pequeñas corazas duras formadas de queratina. Cada uña tiene una raíz oculta bajo la cutícula, que es el lugar en el que se unen la piel y la uña.

Folículo

Glándula sebácea

Glándula sudorípara

✓ ¡Qué curioso!

El pelo crece unos 18 centímetros al año y las uñas pueden tardar unos seis meses en crecer desde la base hasta la punta.

Vida dentro de ti

Todo lo que tú eres está hecho de pequeños elementos vivos llamados células.
Tienes cientos de billones de ellas: si observaras una gota de tu sangre en el microscopio te quedarías asombrado de la vida que contiene.

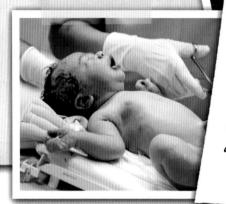

Casi todos los organismos vivos comienzan siendo una célula que se va dividiendo en un proceso llamado mitosis, que genera otra célula idéntica y otra y otra, hasta completar el organismo final.

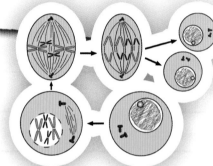

✓ Las CÉLULAS

La célula es la unidad mínima de cualquier ser vivo; es decir, la parte más pequeña en que puede dividirse. Incluso existen seres que son unicelulares, como los protozoos, compuestos de una sola célula. En cambio, tú eres pluricelular y tus millones de células cooperan entre sí para mantener todo tu organismo en funcionamiento; pueden crecer, dividirse, multiplicarse o cambiar. Hay dos tipos de células: las procariotas no tienen el núcleo diferenciado (una bacteria) y las eucariotas sí lo tienen y son del tipo que forman los animales y las plantas.

✓ Células MADRE

Son células capaces de autorrenovarse o regenerarse si se dañan. Las células madre de la médula o del cordón umbilical se están investigando para curar enfermedades.

Esquema de célula humana

1 *El núcleo*

Es característico de las células eucariotas, las pluricelulares. En su interior se encuentra el material genético.

Envoltura nuclear

Retículo endoplasmático rugoso

Cromatina

Nucleolo

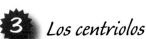

2 *Las mitocondrias*

Se encuentran flotando en el citoplasma y su misión es muy importante: convertir el alimento en energía y traspasar esta a la célula.

3 *Los centriolos*

Están formados por nueve filamentos que van a permitir el reparto del material genético a cada célula hija.

4 *El aparato de Golgi*

Sus funciones son muy variadas: recoge las proteínas del retículo endoplasmático rugoso y las transporta, las madura y las guarda.

✓ **Una gran familia**

Entre el total de sus 50 trillones de células, el cuerpo humano tiene hasta 250 tipos de células distintas.

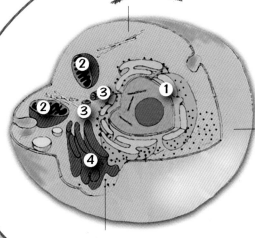

Citoplasma

Membrana celular

Ribosomas

Nuestra herencia

Cuando alguien te dice que tienes los ojos de tu padre o que eres igualito que tu madre, se está refiriendo a que llevas sus genes y por tanto te pareces a ellos.

✓ Los GENES

Tus células contienen ácido desoxirribonucleico o ADN, que es una sustancia que lleva la información genética, desde tener los ojos azules hasta ser propenso a determinada enfermedad. El ADN además se divide en estructuras llamadas cromosomas y dentro de ellos están los genes. Las dos células de la vida humana, el óvulo y el espermatozoide, tienen 23 pares de cromosomas cada uno. Cuando el óvulo y el espermatozoide se combinan, comienza a desarrollarse un nuevo ser que, aunque aprovecha esos 46 cromosomas, es diferente y único.

Cada persona tiene unos 30.000 genes distintos que pueden combinarse entre sí de forma caprichosa; por eso, aunque te puedes parecer mucho a tus padres, en realidad eres totalmente distinto y especial.

✓ Una EXCEPCIÓN

Los gemelos son idénticos y se llaman monocigóticos porque surgen del mismo óvulo y del mismo espermatozoide. Tienen el 100 % de sus genes iguales aunque a lo largo de su vida habrá alguna variación genética que los diferencie. Los mellizos, en cambio, surgen de dos óvulos y dos espermatozoides diferentes y no tienen porqué parecerse.

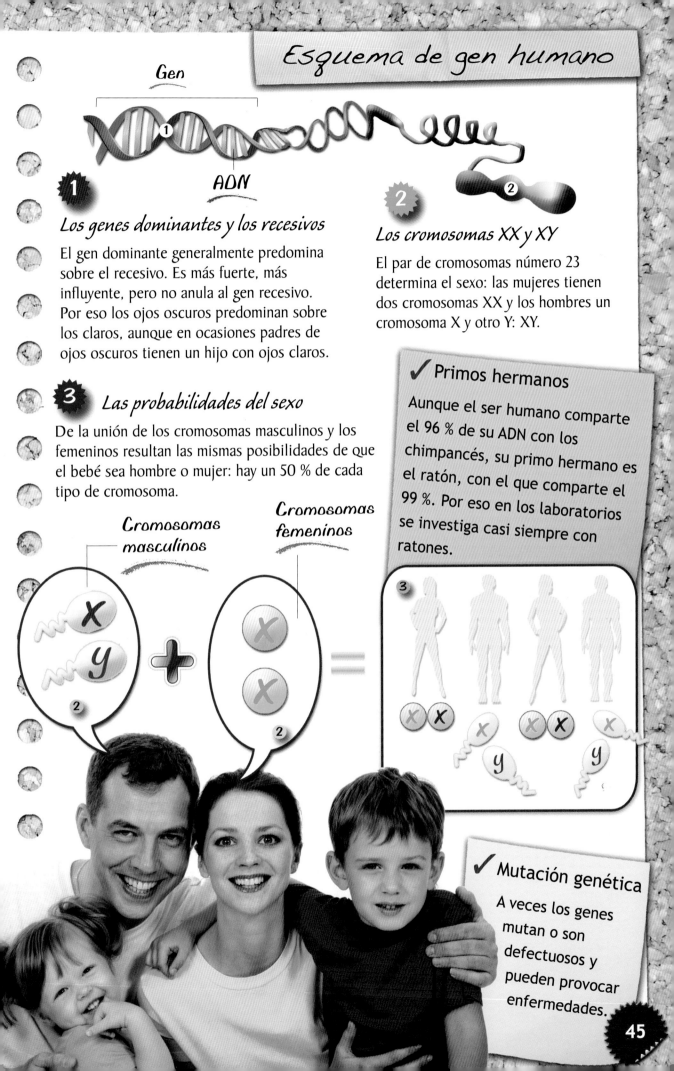

Esquema de gen humano

Gen

1

ADN

1 Los genes dominantes y los recesivos

El gen dominante generalmente predomina sobre el recesivo. Es más fuerte, más influyente, pero no anula al gen recesivo. Por eso los ojos oscuros predominan sobre los claros, aunque en ocasiones padres de ojos oscuros tienen un hijo con ojos claros.

2 Los cromosomas XX y XY

El par de cromosomas número 23 determina el sexo: las mujeres tienen dos cromosomas XX y los hombres un cromosoma X y otro Y: XY.

3 Las probabilidades del sexo

De la unión de los cromosomas masculinos y los femeninos resultan las mismas posibilidades de que el bebé sea hombre o mujer: hay un 50 % de cada tipo de cromosoma.

Cromosomas masculinos

Cromosomas femeninos

✓ Primos hermanos

Aunque el ser humano comparte el 96 % de su ADN con los chimpancés, su primo hermano es el ratón, con el que comparte el 99 %. Por eso en los laboratorios se investiga casi siempre con ratones.

✓ Mutación genética

A veces los genes mutan o son defectuosos y pueden provocar enfermedades.

45

¿Qué les pasa a los chicos?

En la pubertad, los chicos suelen dar un estirón, su cuerpo cambia, se hacen más fuertes y grandes, la voz es más grave, les sale pelo en la barba y sus órganos sexuales, tras un largo proceso, maduran y crecen.

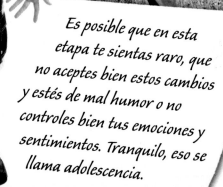

Es posible que en esta etapa te sientas raro, que no aceptes bien estos cambios y estés de mal humor o no controles bien tus emociones y sentimientos. Tranquilo, eso se llama adolescencia.

✓ Aparato REPRODUCTOR MASCULINO

Es probable que al notar tantos cambios los chicos se asusten; de pronto ven cómo todo cambia y no tienen nada bajo control, pero no hay que tener miedo. Lo único que ocurre es que una hormona muy traviesa, la testosterona, les está avisando de que se hacen mayores y por eso sus órganos sexuales aumentan de tamaño y sienten cosas tan raras. Por ejemplo, su pene se endurece a veces porque se llena de sangre que ayuda a ponerlo rígido. Esto se llama erección. También puede emitir un líquido blanco (semen) a lo que se llama eyaculación.

✓ ¿QUÉ me pasa?

Si alguna vez te has despertado con el pijama mojado, no debes alarmarte: tu cuerpo es sabio, y elimina el exceso de semen que tiene mientras duermes. En algunos casos podrás despertarte y en otros no. Esta acción que realiza tu cuerpo de forma involuntaria se llama «polución nocturna».

1 El pene

El pene tiene un tronco, que puede estar flácido o ponerse rígido, y una cabeza llamada glande. La piel que recubre el glande se llama prepucio.

2 Los testículos

Son dos bolsas situadas en la parte inferior del pene. En su interior se generan los espermatozoides necesarios para la reproducción.

3 El escroto

Es una capa de piel muy fina que recubre los testículos.

4 La próstata

Esta glándula produce un líquido, que luego se mezclará con los espermatozoides. Estos pasarán por el conducto deferente formando el semen. La uretra es el conducto por el que salen tanto la orina como el semen.

✓ ¡Granos!

Los cambios hormonales pueden causar acné o granos, pero no te preocupes: mantén limpia la piel y ten paciencia, con el tiempo desaparecerán.

Tabla de evolución masculina *

Años

9	10	11	12	13	14	15	16	17

Escroto y testículos

Pene

Vello púbico

Vello de las axilas

Timbre de la voz

Vello facial (barba)

* Los datos son aproximados.

● Momento en el que suele aparecer el cambio.

Conducto deferente

Vejiga

Uretra

Prepucio

Glande

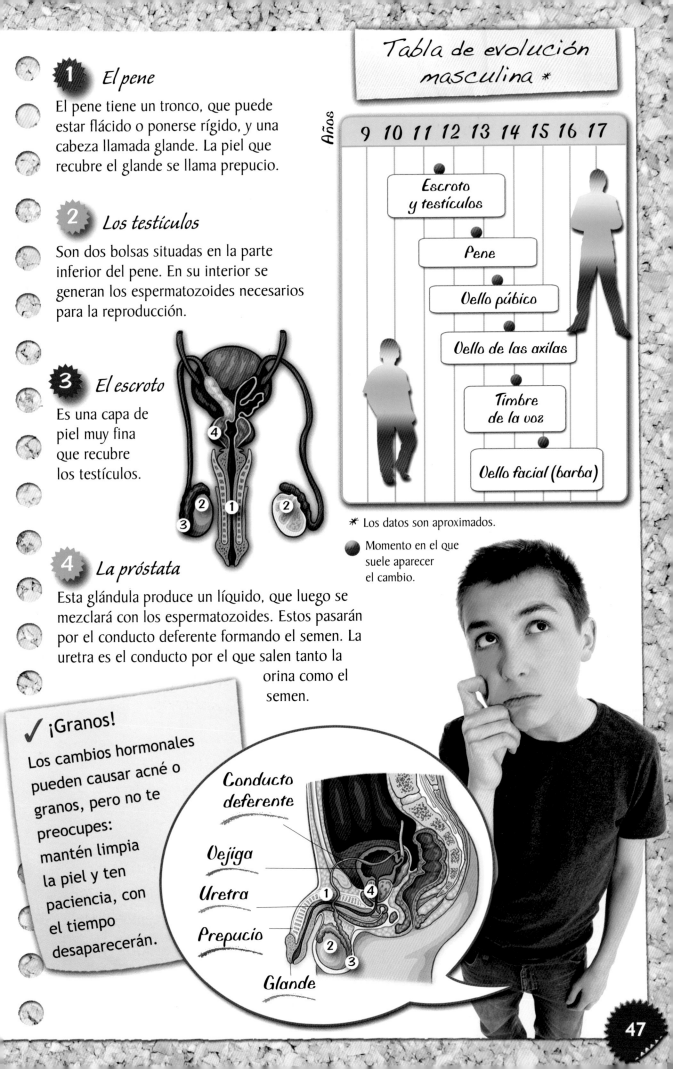

¿Qué les pasa a las chicas?

La pubertad también cambia muchas cosas en las chicas: de pronto, el cuerpo empieza a redondearse por todas partes, crecen los pechos, se ensanchan las caderas y por dentro todo se revoluciona.

El himen es una capa fina de tejido que se sitúa dentro de la vagina. Esta lámina suele romperse en la primera experiencia sexual provocando un sangrado, pero a veces se rompe haciendo deporte o no lo llega a hacer nunca.

✓ Aparato REPRODUCTOR FEMENINO

Las chicas tienen todo su aparato reproductor en el interior de la pelvis. Por fuera, ellas no tienen bolsas ni protuberancias, solo la vulva. Pero por dentro tienen un sistema perfecto para que algún día puedan tener hijos. En esta época de cambios, los estrógenos y la progesterona (las hormonas femeninas) ponen en marcha el sistema. Tus pechos crecen y se redondean y empezarás a utilizar una nueva prenda de ropa interior para que se mantengan en su sitio. Pero una de las cosas más llamativas que ocurren es la menstruación: un sangrado mensual que dura pocos días y se repetirá durante toda tu vida fértil.

✓ Los CAMBIOS de HUMOR

La menstruación puede resultar incómoda: a veces las chicas sienten dolor o el vientre hinchado y además pueden estar irritadas o tristes. Todo eso es normal: se trata de las consecuencias de la fluctuación hormonal que experimenta su cuerpo en este período.

1 Los órganos externos

Se componen de: el monte de Venus, una zona carnosa sobre la vagina donde sale pelo; por debajo, están los labios mayores y menores, que cubren el clítoris, una zona muy sensible. Por último, la vagina es una pequeña cueva que conecta con los órganos internos.

2 3 4 Los órganos internos

El útero o matriz (2) es un espacio muscular hueco situado en la pelvis. Allí se aloja el óvulo fecundado para servir de refugio al bebé durante el embarazo. A cada lado del útero, están los ovarios (3), que generan óvulos y los dejan salir por las trompas de Falopio (4) hacia el útero. Si el óvulo está fecundado por un espermatozoide, se produce el embarazo y si no lo está, se produce la menstruación.

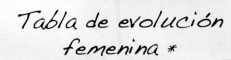

Tabla de evolución femenina ✳

Años

| 9 | 10 | 11 | 12 | 13 | 14 | 15 | 16 | 17 |

Pechos

Vello púbico

Cambio en la forma corporal

Vello de las axilas

Primera menstruación

✳ Los datos son aproximados.

● Momento en el que suele aparecer el cambio.

Vagina

✓ ¿Cada cuánto tiempo se tiene la menstruación?

Se produce aproximadamente cada 28 días. Es un proceso en el cual el cuerpo expulsa el óvulo no fecundado a través de un sangrado.

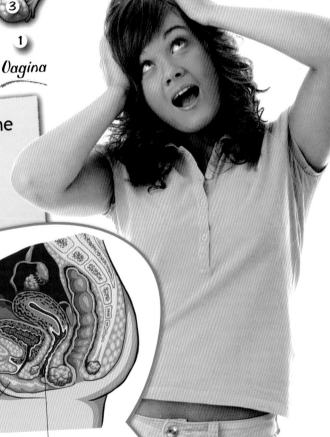

Monte de Venus

Clítoris

Labios mayores

Labios menores   Vagina

Empieza una nueva vida

Aunque ahora te parezca que eres muy mayor, tú también empezaste siendo una célula diminuta. Esta célula se llama cigoto y es como un huevo del que al cabo de un tiempo nacerá un precioso bebé.

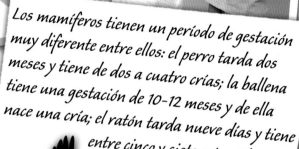

✓ La REPRODUCCIÓN

Los mamíferos tienen un período de gestación muy diferente entre ellos: el perro tarda dos meses y tiene de dos a cuatro crías; la ballena tiene una gestación de 10-12 meses y de ella nace una cría; el ratón tarda nueve días y tiene entre cinco y siete crías. El ser humano tarda nueve meses y de él suele nacer un bebé, aunque pueden producirse embarazos múltiples.

Casi todas las especies animales tienen dos sexos: masculino y femenino. Son muy diferentes entre sí, pero se complementan para poder reproducirse y mantener la especie. Los seres humanos no somos distintos: los hombres y las mujeres tienen unas características diferentes, pero juntos pueden crear un nuevo ser, un niño. Pero, ¿cómo se origina y comienza a formarse un bebé? Todo empieza cuando el óvulo es fecundado por un espermatozoide y crea un cigoto, que se multiplicará celularmente para dar paso al embrión.

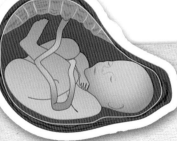

✓ En una BURBUJA

El bebé se desarrolla en el útero dentro de una burbuja, donde flota en el líquido amniótico. La placenta, un disco adherido al útero, le traspasa el alimento y el oxígeno a través del cordón umbilical y también ayuda al bebé a respirar durante su desarrollo en el vientre de la madre.

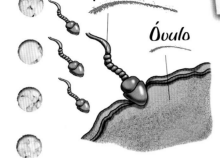

Espermatozoide

Óvulo

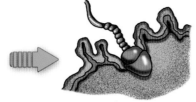

Cómo se produce la fecundación

Tras la eyaculación, millones de espermatozoides se dirigen hacia la vagina.

Solo uno de ellos será capaz de atravesar las paredes de la vagina.

Una vez dentro, se produce la fecundación, es decir, la unión del óvulo y el espermatozoide, que darán lugar al cigoto.

Fases de la reproducción I

1 El primer mes

Durante las primeras semanas después de la fecundación, el bebé solo mide 9 milímetros. En el primer mes se distinguen unos botoncitos (los brazos y las piernas) y empieza a latir el corazón. Empiezan a formarse los pulmones y el cerebro.

2 El segundo mes

En este segundo mes se forman las orejas, los párpados (aún cerrados), y los dedos de las manos y de los pies. El embrión ya mide 4 centímetros y pesa 5 gramos.

3 El tercer mes

Al tercer mes, al feto le salen unas uñas finísimas y en la boca se forman lo que después serán los dientes de leche. Mide unos 10 centímetros y pesa 20 gramos.

4 El cuarto mes

El feto empieza a moverse. La placenta está totalmente formada y el cordón umbilical crece para alimentar mejor al bebé, que ya mide unos 15 centímetros y puede pesar algo menos de 100 gramos.

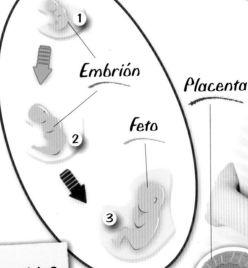

Embrión

Placenta

Feto

Cordón umbilical

✔ **¿Cuánto vive un espermatozoide?**

Los espermatozoides pueden vivir de 24 hasta 72 horas dentro del cuerpo de la mujer. Tras ese tiempo, pierden su poder fertilizante.

El final del embarazo

Los últimos meses del embarazo son muy cansados para las mamás: su voluminoso abdomen y el peso que soportan hacen que se les hinchen las piernas y los pies, y respiren con fatiga. Todas desean ver cuanto antes la carita de su bebé.

Después del parto, el niño seguirá recibiendo el alimento directamente de su madre. Los pechos de la mujer producirán leche de sabor muy dulce para poder amamantar al bebé durante unos meses, hasta que pueda comer otros alimentos.

✓ Últimos MESES de gestación

A partir del quinto mes el bebé crece rápidamente; ya tiene los órganos formados, pero debe madurarlos y desarrollarlos, y además tiene que ganar peso y estatura a gran velocidad. Otra de sus misiones en esta recta final es la de colocarse bien, cabeza abajo, para poder salir. Lo normal es que el nacimiento sea por vía vaginal, pero cuando un bebé no está bien colocado, los médicos pueden hacer una cesárea, que es un corte en el vientre para que el bebé salga con facilidad. Algunos bebés nacen antes de tiempo y necesitan una incubadora para poder sobrevivir hasta estar maduros: son los bebés prematuros.

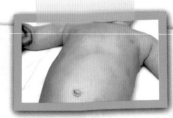

✓ El OMBLIGO

¿Qué es eso que tienes en el abdomen en forma de círculo? Pues es el ombligo: la cicatriz que queda tras el corte del cordón umbilical cuando nacemos. A par... ...
momento, entramos en contacto c...
alimentaremos a través del p...

Fases de la reproducción II

1 *El quinto mes*

La mamá ya puede sentir cómo se mueve su hijo y cualquiera que ponga la mano en su vientre notará las pataditas. El feto mide 25 centímetros y pesa 250 gramos.

¿Llorar sin lágrimas?

No te extrañes si durante los primeros días de vida, tu hermanito llora sin lágrimas: esto se debe a que aún tiene cerrados los conductos lagrimales.

2 *El sexto mes*

El pequeño tiene la piel cubierta de vello y ya puede abrir los ojos. En este mes crece bastante, alcanza hasta los 30 centímetros y pesa 650 gramos.

3 *El séptimo mes*

Ya parece un bebé: abre y cierra los ojos, se chupa el dedo y reacciona si hay mucha luz o mucho ruido. Mide 40 centímetros y pesa 1.200 gramos.

4 5 *El octavo y el noveno mes*

En estos dos últimos meses el bebé se dedica a crecer y engordar, pero también a desarrollar su cerebro, madurar sus pulmones y colocarse cabeza abajo. En el octavo mes (4) mide 45 centímetros y pesa 2.500 gramos y en el noveno (5), 50 centímetros y 3.200 gramos.

6 *El nacimiento*

Cuando el bebé está preparado para nacer, se producen las contracciones y la dilatación para que pueda salir a través de la vagina al exterior. Una vez fuera, el bebé conserva aún la posición fetal que tenía en el vientre.

Recién nacido

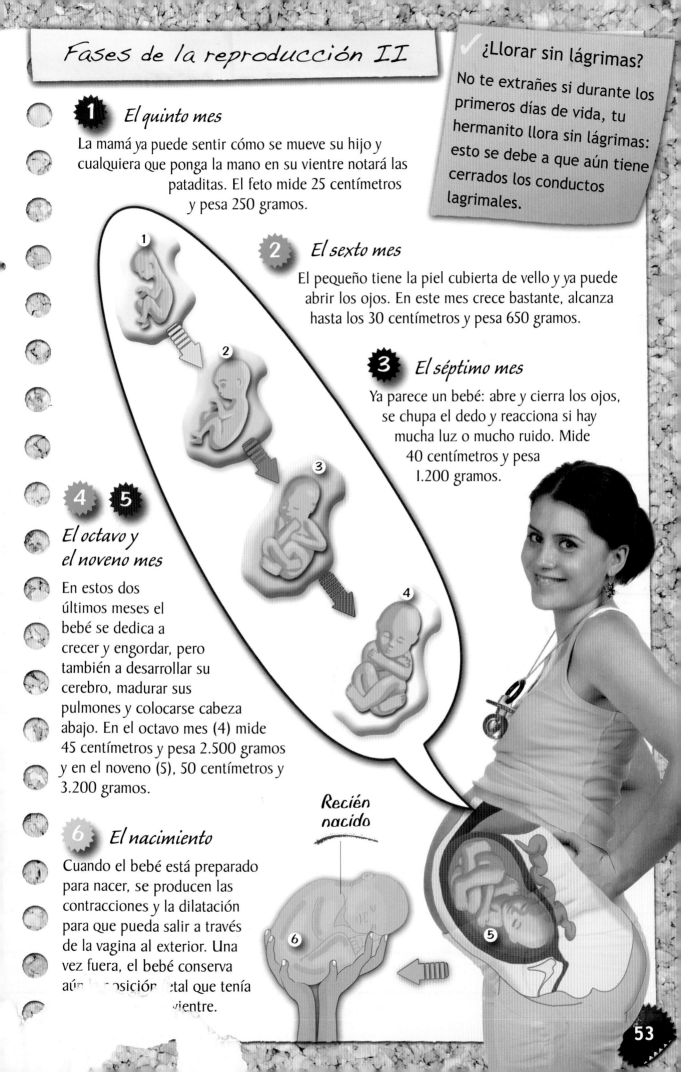

53

La nutrición

Seguro que en casa y en el colegio siempre te repiten que tienes que comer bien para crecer y estar sano. Tienen razón: tu cuerpo necesita energía para arrancar cada día y llegar muy lejos.

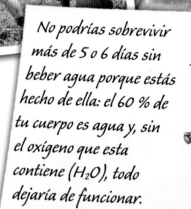

✓ Los NUTRIENTES

Nuestro cuerpo necesita los nutrientes para activar sus funciones vitales. Estos nutrientes se encuentran en los alimentos que comemos cada día. En cada alimento predomina uno u otro, por ello es importante seguir una dieta variada. Los nutrientes, como veremos ahora, se clasifican en distintos grupos, según su función y su aporte a nuestro organismo.

No podrías sobrevivir más de 5 o 6 días sin beber agua porque estás hecho de ella: el 60 % de tu cuerpo es agua y, sin el oxígeno que esta contiene (H_2O), todo dejaría de funcionar.

Por otro lado, está la fibra que, aunque no es un nutriente, no se digiere y ayuda a arrastrar los desechos, además de ser saciante. Se encuentra en alimentos vegetales como verduras, cereales y legumbres.

✓ PROBLEMAS de PESO

Aunque medio mundo pasa hambre y está desnutrido, en el mundo desarrollado es más común tener problemas de sobrepeso y obesidad por comer determinados alimentos en exceso. Debes alimentarte bien y hacer deporte para estar sano.

Rueda de nutrientes

1 Las proteínas

Forman parte de casi todos los procesos necesarios para el correcto funcionamiento de nuestro organismo. Ayudan a regenerar cabello y uñas, además de fabricar glóbulos rojos. Están en la carne, el pescado, los huevos, la leche, los cereales y las legumbres.

2 Los hidratos de carbono

Son como el combustible que acciona nuestros mecanismos. Gracias a ellos podemos estudiar, comer, correr o defendernos del frío. Están en los azúcares como la leche y el azúcar (hidratos de carbono simples) y en los cereales, el pan, las galletas, la pasta y el arroz (hidratos de carbono complejos).

Sodio

Calcio

Hierro y Fósforo

Potasio

✓ 100 % saludables

Nuestro organismo necesita 40 nutrientes diferentes para mantenerse sano.

3 Las vitaminas

Funcionan como los semáforos para el tráfico: no aportan energía, pero regulan el funcionamiento correcto del resto de nutrientes. Cada vitamina tiene una función: la A mejora la vista, las del grupo B producen glóbulos rojos, la C fortalece las encías y previene las infecciones, y la D fortalece los huesos. Todas ellas se encuentran en las frutas, las verduras y las hortalizas.

4 Los minerales

Igual que las vitaminas, los minerales son necesarios como sustancias reguladoras. El hierro, que ayuda a transportar el oxígeno en la sangre, está en la carne, las legumbres y los huevos. El fósforo despierta la mente y se encuentra en los mismos alimentos que el hierro. El potasio refuerza los músculos con ayuda de los plátanos, los tomates y las naranjas. El calcio refuerza nuestros huesos gracias a la leche y sus derivados y el sodio mejora los impulsos nerviosos con la sal.

La pirámide nutricional

Para saber qué alimentos son más o menos beneficiosos para el cuerpo y por tanto qué cantidad de cada uno de ellos necesitas comer cada día, existe un gráfico muy sencillo que se llama pirámide nutricional.

Si comes de todo, tendrás un buen aporte de nutrientes, además, si comes más cantidad de alimentos de la base y los primeros peldaños y solo de vez en cuando alguno del vértice, estarás alimentándote bien.

✓ ¿En qué CONSISTE?

Aprender a comer bien para estar sanos es muy importante; por eso, tus padres llevan años repitiéndote cada día que te comas la verdura, la ensalada, la fruta o el filete. La pirámide muestra una base muy amplia en la que están los alimentos que deben comerse cada día en mayor cantidad y un vértice en el que se muestran aquellos alimentos que deben comerse menos o en menor cantidad. Desde la base hasta la cúspide, se encuentran una serie de estratos con los alimentos de mayor a menor consumo recomendado.

✓ ¿Qué es el COLESTEROL?

Es un tipo de grasa producida por el hígado que protege los nervios y produce hormonas. Ciertos alimentos aumentan la presencia de esta sustancia en nuestro cuerpo haciendo que sea perjudicial para nuestra salud. Estos alimentos son los helados o las hamburguesas entre otros, de los cuales no tienes que abusar. ¡Consúmelos con moderación!

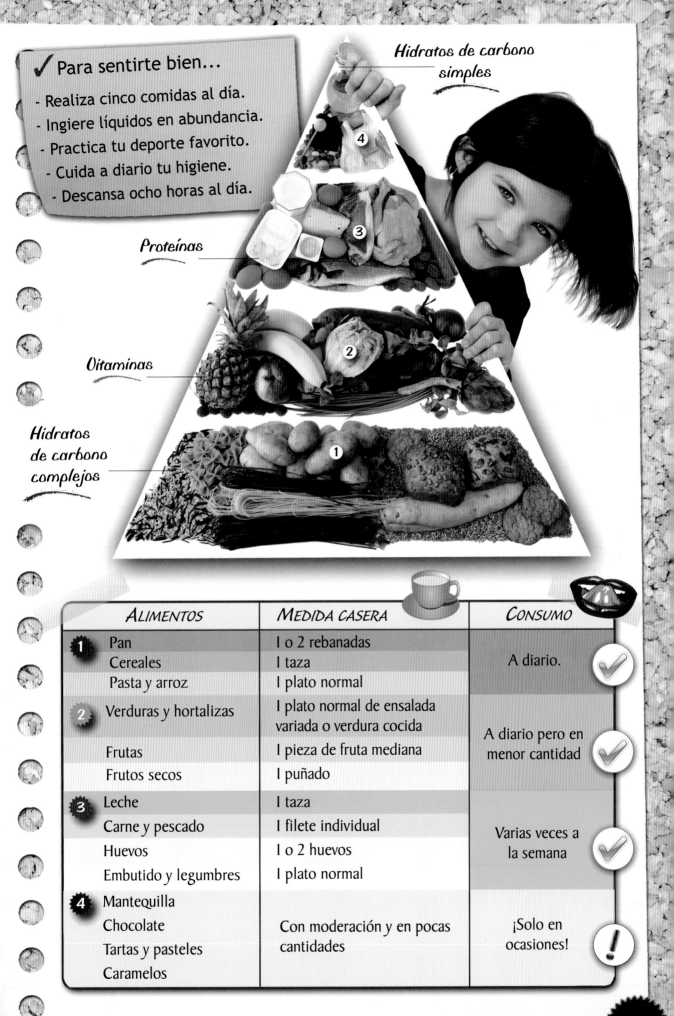

✓ Para sentirte bien...

- Realiza cinco comidas al día.
- Ingiere líquidos en abundancia.
- Practica tu deporte favorito.
- Cuida a diario tu higiene.
- Descansa ocho horas al día.

Hidratos de carbono simples

Proteínas

Vitaminas

Hidratos de carbono complejos

	ALIMENTOS	MEDIDA CASERA	CONSUMO	
1	Pan	1 o 2 rebanadas	A diario.	✓
	Cereales	1 taza		
	Pasta y arroz	1 plato normal		
2	Verduras y hortalizas	1 plato normal de ensalada variada o verdura cocida	A diario pero en menor cantidad	✓
	Frutas	1 pieza de fruta mediana		
	Frutos secos	1 puñado		
3	Leche	1 taza	Varias veces a la semana	✓
	Carne y pescado	1 filete individual		
	Huevos	1 o 2 huevos		
	Embutido y legumbres	1 plato normal		
4	Mantequilla	Con moderación y en pocas cantidades	¡Solo en ocasiones!	!
	Chocolate			
	Tartas y pasteles			
	Caramelos			

Virus y bacterias

Seguro que alguna vez has estado enfermo, pero a lo mejor no sabes por qué ocurre. Existen unos seres pequeñísimos que solo pueden verse con un microscopio, los gérmenes, que pueden ponernos enfermos.

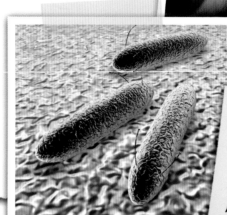

Aunque los dos nos pueden causar enfermedades, virus y bacterias no son lo mismo. Las bacterias son seres unicelulares, mientras que los virus son pequeños parásitos que viven en el interior de otra célula.

✓ ENEMIGOS invasores

Los gérmenes son tan diminutos que pueden atacarnos sin que los veamos; su tamaño les ayuda a meterse en nuestro cuerpo pasando desapercibidos hasta que notamos que están ahí cuando aparecen los síntomas de alguna enfermedad. Los virus y las bacterias son gérmenes que nos invaden, se comen nuestros nutrientes y nos dejan toxinas o venenos que pueden provocarnos fiebre, hacernos toser, que broten granos en nuestra piel, o tener vómitos... lo mejor es luchar contra ellos con higiene y con medicinas.

✓ BACTERIAS buenas

No todas las bacterias son los malvados seres encargados de ponernos enfermos; existen bacterias beneficiosas para la salud, como por ejemplo los lactobacilos y bifidobacterias que tomamos en un simple yogur. Estas ayudan al equilibrio de la flora intestinal y actúan como bactericida, es decir protegiendo al cuerpo de la acción de las bacterias nocivas.

1 Los virus

Como parásitos que son, solo pueden sobrevivir dentro de nuestras células y desde allí se convierten en un terrible enemigo causante de la gripe, la varicela o el sarampión.

2 Las bacterias

Estos microorganismos unicelulares pueden causarnos infecciones como la faringitis, la otitis o las caries de los dientes. Sin embargo, a veces no son tan dañinas: en el intestino humano hay más de 400 bacterias que nos ayudan en el proceso digestivo.

3 Los protozoos

Como las bacterias, son unicelulares y viven en el agua, desde donde pueden hacerte enfermar provocándote una infección intestinal con diarrea y vómitos.

4 Los hongos

Son multicelulares y también se aprovechan de otra planta, animal o persona. Entre sus «travesuras» están los molestos hongos que salen en los pies propagándose en las piscinas.

✓ **Sin darte cuenta...**

Existen formas muy sencillas de intercambiar gérmenes: dando un beso se transmiten 42 millones y al estrechar las manos se intercambian parte de los 12 millones que viven allí. ¡Lavándote las manos a menudo evitarás molestos contagios!

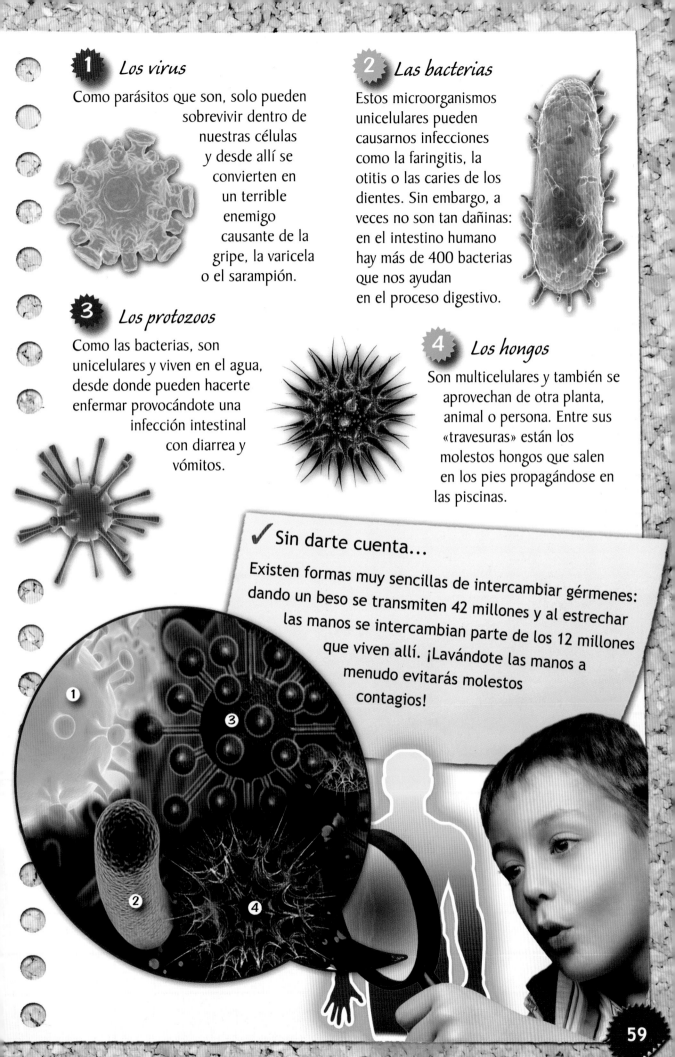

Las enfermedades

No siempre podemos estar sanos; seguro que recuerdas haber tenido algún resfriado, dolor de estómago o una erupción en la piel. Todas estas cosas son enfermedades que podemos combatir con las defensas del cuerpo y las medicinas.

Las alergias no son más que una respuesta exagerada del sistema inmunológico a algo que comas, respires o toques: el cuerpo cree que es algo muy peligroso y reacciona.

✓ El SISTEMA INMUNOLÓGICO

Ya sabes que tu sangre contiene glóbulos blancos o leucocitos, unas células encargadas de hacer frente a los gérmenes; unos se los comen (fagocitos) y otros los recuerdan para saber defenderse de ellos en el futuro (linfocitos). Ademas, tienes un sistema linfático hecho de canales de linfa (un líquido blanco con glóbulos blancos) y ganglios, que pueden inflamarse cuando te atacan los gérmenes. Toda esta red es tu sistema inmunológico, pero desgraciadamente no puede evitar siempre que enfermes y hay que ayudarlo con medicinas.

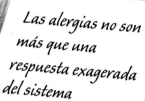

✓ ¡VACÚNATE!

Aunque te den miedo las inyecciones, tienes que ser valiente ante las vacunas porque son muy beneficiosas para ti: te inyectarán una porción muy pequeña de alguna enfermedad y te ayudarán a fabricar anticuerpos para no enfermar en el futuro.

Tabla de enfermedades comunes

ENFERMEDADES	SÍNTOMAS
1 La *otitis* es una infección del oído que no es contagiosa.	Se produce la inflamación y dolor de oídos.
2 La *varicela* se produce por el virus llamado varicela-zoster y es muy contagiosa.	Salen granitos por todo el cuerpo que pican mucho.
3 La *gastroenteritis* se produce debido a un virus, una bacteria o un parásito estomacal que ataca al intestino. Es contagiosa.	Produce vómitos, diarrea y dolor de estómago.
4 El *sarampión* es una infección respiratoria causada por un virus y es altamente contagiosa.	Se caracteriza por manchas en la piel de color rojo, así como de fiebre.

✓ El estornudo, ¿para qué sirve?

Muchas veces te habrá pasado que te pica la nariz y terminas emitiendo un estornudo. Pues bien, estornudar es un acto involuntario del cuerpo para eliminar partículas extrañas a él.

Para curarte de estas y otras enfermedades deberás acudir a tu médico.

¿Qué quiere decir...?

Para que conozcas mejor tu cuerpo, incluimos aquí una pequeña definición de algunos términos que aparecen a lo largo del libro y que solo están mencionados en el texto general.

ANEMIA

Trastorno de la sangre producido por una cantidad de glóbulos rojos menor que la necesaria.

ANTIBIÓTICO

Compuesto químico que elimina los gérmenes que causan infecciones.

ANTICUERPOS

Proteínas que se desprenden de los linfocitos, capaces de reconocer a las bacterias y defenderse de ellas.

CARIES

Agujero en el esmalte dental que corroe la parte interna del diente produciendo dolor.

CESÁREA

Incisión en el abdomen de la madre para extraer al bebé cuando no es posible el parto vaginal.

CICLO VITAL

Proceso continuo de cambios en la vida (nacimiento, crecimiento, vejez, etc.) y proceso diario de vida (despertar, actividad, comer, dormir, etc.).

CILIOS

Pelillos microscópicos que se mueven con diversas funciones: en la cavidad nasal, para favorecer el olfato; o en la lengua, para favorecer el gusto.

CONTRACCIÓN

Reducción de longitud, anchura o tamaño en general de una cosa.

COAGULACIÓN

Proceso en el que la sangre pasa de ser líquida a sólida para evitar su pérdida ante una herida.

CÓCCIX

Hueso triangular donde termina la columna vertebral que se cree el vestigio de una antigua cola.

CUERDAS VOCALES

Ligamentos de la parte trasera de la laringe que, al vibrar, pueden producir sonidos.

DILATACIÓN

Aumento de longitud o anchura o tamaño en general de una cosa.

DIÓXIDO DE CARBONO

Gas cuyas moléculas se forman por dos átomos de oxígeno y uno de carbono, que los seres humanos expulsan al respirar.

ERUPCIÓN

Inflamación de la piel que se exterioriza con enrojecimiento, sequedad o aparición de granos, producida por una reacción alérgica o enfermedades como la varicela.

Fiebre

Aumento de la temperatura corporal por encima de los 37 ºC producido por determinadas infecciones o enfermedades.

Gastritis

Irritación de la mucosa del estómago, normalmente generada por la acción de la bacteria «Helicobacter pylori».

Glándula

Órgano que produce determinados líquidos, como la saliva o el sudor.

Incubadora

Cuna transparente que sirve de útero artificial para proporcionar calor, alimento y seguridad a los bebés prematuros.

Infección

Colonización en el interior del cuerpo humano de un germen que provoca una reacción de lucha, que son los síntomas de una enfermedad.

Líquido amniótico

Líquido que rodea al feto dentro del útero y del saco amniótico para que quede amortiguado y pueda moverse.

Melanina

Pigmento natural que da a la piel, el pelo y los ojos su color. Cuanta más melanina haya, más oscuro es.

Microscopio

Instrumento que, gracias a su lente, permite observar objetos tan pequeños como células o bacterias.

Mucosa

Capa de tejido húmeda que, a modo de revestimiento, recubre algunos órganos corporales.

Oxígeno

Elemento químico formado por un gas presente en la atmósfera de la Tierra e imprescindible para la respiración humana.

Queratina

Sustancia compuesta por proteína dura que es el componente principal del pelo, la piel y las uñas.

Sacro

Hueso con forma piramidal situado entre las últimas vértebras y el cóccix que transmite el peso del cuerpo a la pelvis.

Saliva

Líquido que fabrica la boca compuesto por agua, sales minerales y proteínas.

Úlcera

Llaga o lesión que se produce en la membrana mucosa del estómago.

Vacuna

Pequeña dosis de una enfermedad que se inocula a las personas con la finalidad de que generen anticuerpos.

Veneno

Sustancia tóxica que puede producir enfermedades e incluso la muerte.

Vértebra

Cada uno de los 26 huesos con forma de disco que componen la columna vertebral.

Contenido

© 2016, Editorial LIBSA
C/ San Rafael, 4
28108 - Alcobendas (Madrid)
Tel.: (34) 91 657 25 80
Fax: (34) 91 657 25 83
e-mail: libsa@libsa.es
www.libsa.es

ISBN: 978-84-662-3152-7